D0559017

Escrito por Carolina Van Pampus

Ilustrado por Natalia Agostini
"Kalinquita"

Primera edición: Mayo de 2022.
Ilustración: Natalia Agostini
Corrección ortotipográfica: Yesmin Sánchez

ISBN: 9798801428307

Instagram: @carolvanpampus
Facebook: Carolina Van Pampus
Correo: carolvanpampus@gmail.com
Web: www.carolvanpampus.com

Introducción para las cuenteras:

Las palabras que usamos para comunicarnos con nuestros hijos pueden ayudarnos a que la conexión sea fluida y alegre o también drenarnos emocionalmente.

La intención de este cuento es brindarte palabras en formatos que te permitan relacionarte de forma fluida y alegre, comenzando desde las pequeñas cosas. Por ejemplo, enseñar a nuestros hijos a ser amables puede ser una tarea titánica o podemos convertirlo en una interacción jovial.

Esa es la idea de esta historia, "El Por Favor se ha perdido", brindarte esa pequeña herramienta que puedes luego aplicar en otras áreas de tu crianza.

Porque el objetivo fundamental de nuestros cuentos es ayudarte a encontrar paz mental en el día a día, mientras nuestros hijos disfrutan y se divierten

Gracias Dios
por otro día
lleno de salud
y alegría...

Ese día me levanté
Diferente a los
demás.
Tenía mucha sed
Quería agua, nada
más.
De mi cama pronto
salté,
A mamá me fui a
buscar.

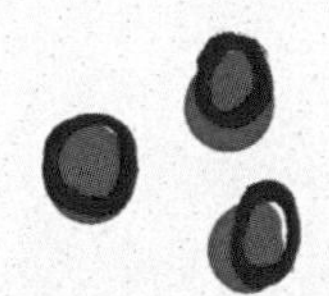

"Hola, mami, tengo sed. Quiero agua, ¿me la das?"

AB

Pero al decirle eso,
algo alcancé
a olvidar...

¿Qué sería?
¿Qué sería?
No lo puedo recordar.

El por favor
se ha perdido,

Oh, ¡Dios mío!
oh, ¡Dios mío!

¿En dónde
se habrá metido?

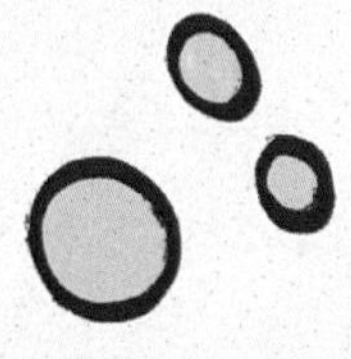

Mamá,

un poco apurada,

El agua

me ayudó a servir,

Se notaba

desesperada,

Parece

que debía salir.

8:15

"Mamá,
ese no es mi vaso",
Volví muy pronto a
señalar
"Por eso te pido,
mami
¿Me lo puedes
cambiar?"

Pero al decirle eso,
algo volví
a olvidar...

¿Qué sería?
¿Qué sería?
No lo puedo recordar.

El por favor
se ha perdido,

Oh, ¡Dios mío!
oh, ¡Dios mío!

¿En dónde
se habrá metido?

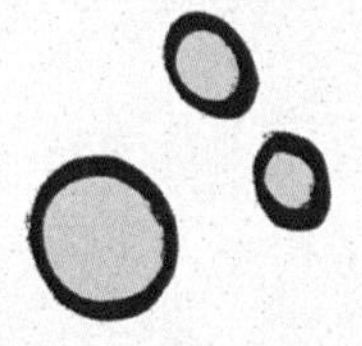

¿?
AB

Mi Mamá
tomó un respiro
Y con mucha
previsión,
Tomó mi vaso
preferido
Y de nuevo,
el agua sirvió.

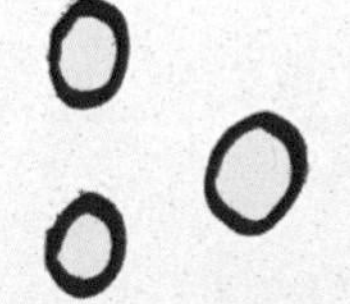

Tomé un sorbo
de agua
Y muy pronto
pude notar:
"Mami, el agua
no está fría,
¿Me la puedes
cambiar?"

Pero al decirle eso,
algo volví
a olvidar...

¿Qué sería?
¿Qué sería?
No lo puedo recordar.

El por favor
se ha perdido,

Oh, ¡Dios mío!
oh, ¡Dios mío!

¿En dónde
se habrá metido?

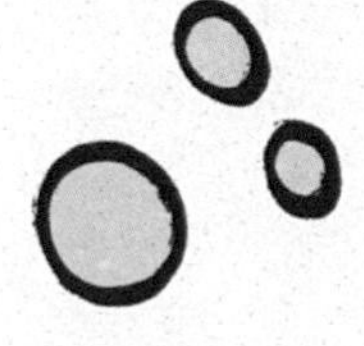

Mamá me dijo
al oído,
Con una gran
sonrisa,
Y Advirtiéndome
de prisa,
Sobre mi gran
descuido:

"El por favor se
ha perdido
Oh, !Dios mío!
Oh, !Dios mío!
¿En dónde se
habrá metido?

el
POR FAVOR

¿Lo habrás dejado
en tu cuarto?
¿Tal vez atascado
en tu pelo?
¿Quizás está
bajo tu brazo?
¿O bien debajo
de este vaso?

"Mamá,

olvidé decirlo"

Respondí

mientras reía.

"Por favor

dame agua fría"

Volví de nuevo

a pedirlo.

Por fin me tomé

el agua.

Mamá me volvió

a besar.

Quiero ahora una

banana.

Solo debo recordar:

Pedirla "Por Favor"

Y con amabilidad

Oh, ¡Dios mío!

Oh, ¡Dios mío!

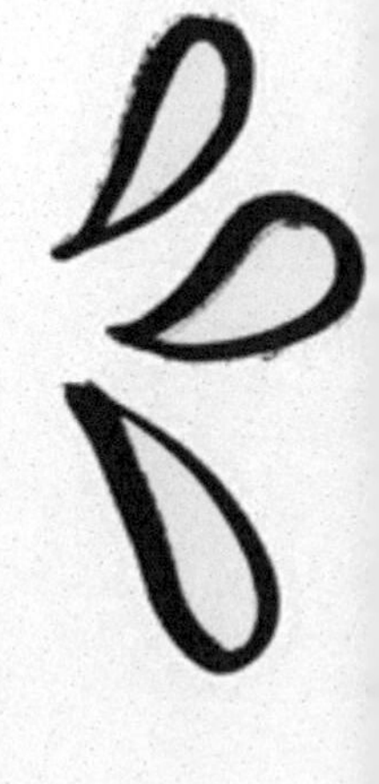

¿Me volveré

a olvidar?

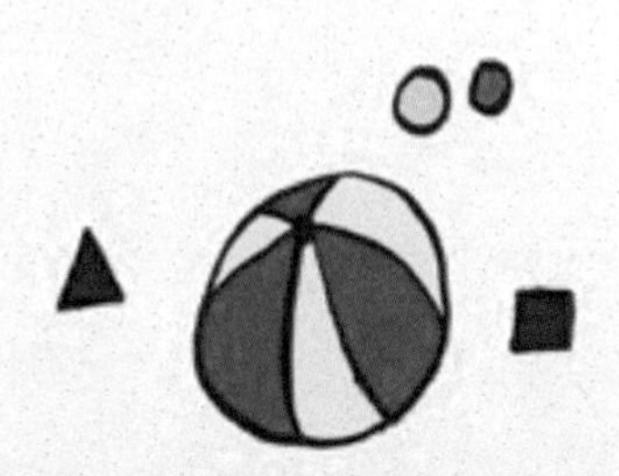

Made in the USA
Columbia, SC
16 July 2022

63564866R00024

El "Por Favor" se ha perdido.
Oh, !Dios mío! Oh, !Dios mío! En dónde se habrá metido?... No lo puedo encontrar.
¿Se me quedó en el bolsillo o en la camisa de mi osito? ¿Se quedaría en la cocina o junto a la bicicleta? ¿Tal vez se quedó debajo de mi almohada?
Esta muy raro todo esto, ¿podrías ayudarnos a encontrarlo?

ISBN 9798801428307
9 798801 428307